儿童时间管理训练手册

熊　辉◎著

中国妇女出版社

图书在版编目（CIP）数据

儿童时间管理训练手册 / 熊辉著 . -- 北京 ：中国妇女出版社，2022.2

ISBN 978-7-5127-2088-6

Ⅰ．①儿… Ⅱ．①熊… Ⅲ．①时间－管理－儿童教育－家庭教育 Ⅳ．① C935 ② G782

中国版本图书馆 CIP 数据核字（2021）第 273974 号

儿童时间管理训练手册

作　　者：熊　辉　著
策划编辑：肖玲玲
责任编辑：陈经慧
封面设计：尚世视觉
责任印制：李志国
出版发行：中国妇女出版社
地　　址：北京市东城区史家胡同甲 24 号　　邮政编码：100010
电　　话：（010）65133160（发行部）　　65133161（邮购）
网　　址：www.womenbooks.cn
法律顾问：北京市道可特律师事务所
经　　销：各地新华书店
印　　刷：北京中科印刷有限公司
开　　本：145×210　1/32
印　　张：5.25
字　　数：85 千字
版　　次：2022 年 2 月第 1 版
印　　次：2022 年 2 月第 1 次
书　　号：ISBN 978-7-5127-2088-6
定　　价：49.80 元

每个孩子都能告别拖延、磨蹭，

管理好自己的时间，提升效率

目录

第一章
让孩子赢在时间管理上

2 第二章

孩子才是时间管理的真正执行者

3 第三章

五步完成时间管理的系统训练

4 第四章

让时间管理成为一种长期习惯

5 第五章

时间管理解决孩子日常问题

6 第六章

时间管理助益孩子成长

第一章

让孩子赢在时间管理上

普通人只想着如何让时间过得快一些，而优秀的人却总在想方设法利用时间。管理好自己的时间，会让一个人的学习、生活发生质变。

关于孩子的时间管理，不是孩子一个人的事，有时候可能是整个家庭的事。毕竟，自觉性强的孩子比例不算太高。因此，要想帮助孩子做好时间管理，家长要具备一些必不可少的技能。

时间管不管，结果大不同

时间是孕育一切成就的土壤。有意识地掌握学习的规律和方法，并在此基础上合理规划和利用时间，才能有所创造，有所收获。

周五晚上，几个小伙伴参加家庭聚餐。餐前，小伙伴在一起玩得很开心，但等大家吃完饭后，却都不约而同地拿起平板电脑或者父母的手机，开始玩游戏或刷短视频，有个别小朋友提出玩手机的请求被家长拒绝了，只能在旁边围观。

这些孩子里只有小临除外。他先问了妈妈“几点了”，妈妈回答“7点20分”。于是他借了妈妈的手机，查看班级群里的通知，在确定没有最新的消息后，他拿出作业登记本，仔细检查，选择了三样可以现场完成的：App上的口算练习、阅读理解练习、安全教育平台的作业。他在写完后于登记本上打上了“完成”的标志。

然后，小临对妈妈说：“我的作业就只剩下两项比较复杂的——一篇周记和两页数学练习。待会儿回家时间比较晚了，我决定洗完澡之后再看会儿书就睡觉了。所以，我计划剩下的这两项作业留到明天上午做。明天10点出门上围棋课之前我预留1小时来完成就足够了。”妈妈说：“好的，你的安排听上去既合理又具体，就按你的计划去办。”

小临又说：“那我现在玩一会儿平板电脑。”他说完这句话，妈妈已经从包里把平板电脑拿出来递给了他。跟其他小朋友不同，小临的平板电脑是他用自己的指纹解锁的。他开始看视频之前，先设置了半小时的闹钟，半小时后，闹钟提示音一响，他就关闭了平板电脑。

这时，其他小伙伴已经使用电子设备超过1小时。小颜在父母的呵斥下，不情不愿地停止了玩游戏，小帆因此跟父母发生争执，小锡完全不顾父母的催促，自顾自地继续留恋于电子屏幕前。

可以预见，小临即将到来的周末是充实而从容的。因为他把自己的时间安排得井井有条，什么时候要做什么事，需要花费多长时间，了然于心，并且能够根据任务的难易程度合理安排完成各项任务的时间。这就是儿童的自我时间管理能力。

儿童时间管理是个常谈常新的话题。常谈，是因为十个家长有八个都会觉得自己的孩子做事总是拖拖拉拉，浪费时间，看得人着急上火；常新，是因为时间管理虽然已经有很多理论和方法，但是执行的时候还是会不尽如人意，还是需要想些新的点子来帮助家长和孩子切实管理好时间。

理财界有一句很流行的话："你不理财，财不理你。"时间管理也是一样，你不理时间，时间也就不理你。只有能管理好自己时间的孩子，才能在时间的进程中造就自己。

所以，时间管不管，结果大不同！

为什么要学习时间管理

从前面的案例中我们可以看到，在相同场景中，不同亲子关系之间的互动模式，实际上是每个家庭日常生活中各种情境的一个缩影。

现在的孩子从幼儿园开始，除了上学，还有很多课外活动。家长在辛苦的工作、家务之余，要兼顾孩子繁忙、紧凑的学习任务，本已是心力交瘁，如果遇到孩子不配合——事实上大多数的孩子有不同程度的不配合——那么“鸡飞狗跳”可能是生活中的常态。为了改变这种现状，学习时间管理变得很重要。

“起床啦”“不要再看电视了”“快写作业啊”“赶紧睡觉了”……这些是家长们经常对孩子说的口头禅。对于孩子来说，它们是令人厌烦的咒语，对于家长而言则是面对孩子不主动、不自觉时气愤又无奈的唠叨和宣泄。

然而，家长如此一而再、再而三地提醒和催促，真的管用吗?

对于小颜这一类孩子，他们可能迫于父母的威严，暂时选择服从命令。但是，随着他们年龄的增长，父母逐渐失去威慑力，也就难以奢望他们会继续听从安排了。

对于小帆这一类孩子，他们习惯于通过撒泼打滚来对抗父母，可想而知，亲子之间的战争如同家常便饭，“一日三餐式”地上演。

小锡这一类孩子是最常见的。如今的家长对孩子百般疼爱，从小有求必应，但对他们却少有要求。

等到上学后开始集体生活，要求他们遵守准时到校、准时完成作业、准时上兴趣班，却发现他们根本做不到，对于一切的催促、命令和劝告置若罔闻。结果是，孩子经常迟到、做事拖拉、丢三落四、沉迷电视和电子设备……

于是，家长们越来越着急，越来越没有耐心，孩子则越来越不耐烦，亲子关系也日益趋于紧张。

那么，如何才能解救上述这些困于“催与被催”的恶性循环之中，冲突不断、矛盾日深的孩子和父母呢？答案是，帮助孩子学会管理自己的时间。

父母千万不要这样做

- **不要**一而再、再而三地催促孩子。
- **不要**对孩子有求必应，少有要求。

时间管理能培养孩子的哪些品质

我们常说，时间能解决一切问题。实际上，我们解决大部分问题的关键，正是处理时间本身的问题。

学会管理自己的时间，对于孩子自身的成长有哪些意义呢？我们从前述案例中小临对一次聚餐时间的规划，就可以很清楚地看到他的一些品质和能力。这些品质和能力，正在并将长期助益小临这一类孩子的成长。

第一，孩子做事会变得更主动

对于善于管理时间的孩子来说，他们知道时间的重要性，知道什么时候该做什么，不必家长时时刻刻提醒。比如，当妈妈告诉小临现在是“7 点 20 分”时，他想到的是，自己马上需要完成一部分甚至所有的作业，而不是玩手机或平板电脑。

第二，孩子做事会变得更有规划

善于管理时间的孩子，他们习惯提前安排自己当前以及接下来一段时间内的各项活动。对于上学的孩子来说，学校周末布置的作业是一个紧急且重要的任务模块，紧急是因为一定要在周末结束之前完成，重要是因为这些作业对巩固知识是不可或缺的。小临的处理过程是，先利用当前的时间，完成了几样花费时间不多、对专注程度要求不是很高的小任务，然后把需要更多时间和更多专注力的任务放在第二天上午完成。这一安排，对于小临来说，既保证了任务的完成数量，也保证了任务的完成质量。

第三，孩子在社会交往中会变得更自信

善于管理时间的孩子，对于自己能不能完成一件事、完成这件事需要花费多少时间或精力、需要付出多少努力等，都能有比较准确的定位。因此，他们对生活和学习能够产生较强的可控感，能够根据自身情况，对各项活动、任务做出合理而正确的评估和判断。这种评估和判断，能够使他们认识到活动和任务的可行性，也因此使得他们会表现得更自信。例如，小临不仅知道完成周记和数学练习册的任务需要更加专注，还确信自己能在 1 小时之内完成。

第四，孩子在生活和学习中会变得更自律

善于管理时间的孩子，他们通常对每一样活动的意义都有清晰的认识。他们享受娱乐活动带来的身心愉悦，却不会毫无克制地沉迷其中，他们能够在不同

的活动中更主动地“切换频道”。小临和所有孩子一样，也喜欢玩平板电脑，但是他却知道给自己设置时长限制，这不仅让他享受到游戏带来的愉悦感，而且获得了自律带来的“学习娱乐两不误”。

第五，孩子更能赢得他人的信任

不管在任何场合，守时、守约都是一个人最可贵的品质之一。鲁迅先生曾说:“无端的空耗别人的时间，其实是无异于谋财害命的。”可见，守时，既是对自己负责，更是对他人的尊重。善于管理时间的人，能在约定的时间内完成既定的工作任务和学习任务，或者在约定的时间内停止某些活动而无须他人监督。这类人必定能获得他人的信任和尊重。如果孩子从小能够养成守时的好习惯，不管是老师、家长，还是同学、朋友，都会对他产生信任感。例如，小临能自由地解锁平板电脑，正是他赢得妈妈信任的体现，而获得这项自由的前提，是善于时间管理的他获得了自律的好品质。

第六，孩子能更加自如地应对突发的状况

善于管理时间的孩子，不仅能合理规划自己的日程，还可以在遇到突发事件时，及时地调整节奏，以应对当前的新状况，不至于手忙脚乱。人们总是说“计划赶不上变化”，生活中充满了变数，学习、生活或工作不可能全都按照原计划实现。时间管理可以练就孩子处变不惊的能力，让孩子能够灵活调整既定计划，接纳变数而不影响既定安排的主体。

帮助孩子学习时间管理，有哪些困难和误区

时间管理对孩子自身成长以及家庭效能的意义和重要性毋庸置疑。然而，大多数孩子却无法顺利获得这一能力。在这个过程中，家长和孩子都遭遇了哪些阻力，又陷入过哪些误区呢？

误区一："孩子还小，长大后就会管理好自己的时间。"

很多家长可能都有这样的想法。于是，孩子睡懒觉、上学迟到、拖拉、磨蹭、丢三落四，作为家长

的你都觉得没有关系，认为孩子小的时候只要不哭不闹就很好了。至于这些问题，则认为只要等孩子长大了，就会“神奇”地消失。事实上，这是家长的妄想。学习时间管理，就跟学习数学、语文、体育等课程一样，需要循序渐进，要慢慢累积、练习，而不是等到某个时刻孩子就会突然开窍，就会掌握这项技能。

误区二：“让孩子安排自己的事情，只会更耽误时间。”

有些父母认为效率就是一切，当他们觉得孩子的时间利用效率低，或者自己没有耐心等待的时候，往往习惯于事事包办，巨细无遗，穿衣服、系鞋带、整理书包……我甚至见过八九岁的男孩因为要赶时间上辅导班，还要大人喂饭的。短时间内看起来，家长这么做既省心又省时，但其实这是以牺牲孩子的独立性为代价的。孩子看似每天在大人的安排下按部就班，然而他们并不知道做这些事情的意义是什么。于是我们看到，越来越多的孩子顺着父母的“安排”走进了大学，甚至考入了名牌大学，可他们离开父母之后却沉迷于电子游戏，虚度光阴。这是一件危险的事！

误区三：“孩子能做到吗？做不到的话那不是徒劳吗？”

父母都知道帮助孩子学会管理时间的重要性，但制订了学习计划后，孩子总是在拖延，父母没有及时监督，反而心存疑虑：“孩子能做到吗？做不到的话岂不是白费力气？”他们期待一个 100 分的结果，却不能接受从 0 开始付出行动。这是一种永远无法开始的拖延，而且家长过高的期待，容易让孩子出现畏首畏尾的情形，并形成拖延症。

我看到不少家庭在他们家的墙上都贴有一张时间管理效能图，这说明父母有培养孩子时间管理的意识，也付出过努力。然而，遗憾的是，图表上面的日期，大多数停留在了过去的某一天，没有持续。有的因为孩子不再“服从”而中断，有的因为某次偶然的中断而直接放弃，有的因为父母和孩子都觉得筋疲力尽，最后选择“顺其自然”。

那么，如何帮助孩子学会时间管理？该如何开始？又该如何坚持？

为了解决以上问题，我设计了时间管理的 SCNW 模型。我将在第四章详细介绍这个模型。

本章总结

❶ 对孩子来说，学习时间管理就是要有意识地掌握科学的规律和方法，加以规划并合理利用。

❷ 帮助孩子学习时间管理既可以改变“催与被催”的家庭模式，也可以增进亲子关系。

❸ 学习时间管理可以培养孩子很多优秀的品质，比如，做事变得主动、有规划，在社会交往中变得更自信，在学习和生活中变得更自律。

2

第二章

孩子才是时间管理的真正执行者

时间管理最主要的执行者，当然还是孩子本身，家长主要起辅助作用。家长过度干涉，可能会导致孩子不能很好地坚持下去。而孩子要想顺利地按时间执行计划，也必须具备必不可少的认知。

认识什么是时间

时间是一个抽象的概念，看不见、摸不着。现在的人可以利用钟表等工具来度量时间，但是在古代，还有更早的远古时代，人类是没有办法精确地表达时间的。

孩子对时间的认识有一个过程。3 岁以下的孩子，还没有时间观念，需要家长给予一些帮助才能慢慢地认识时间。对于 3 ~ 6 岁的孩子，非常重要的一点是，家长要有意识地将时间和孩子的日常事件联系在一起。

例如，我们可以用“现在是早上7点19分，再数100个数我们就要出门了”来代替“快点儿，马上要出门了”；用“现在是晚上9点30分，睡觉的时间到了哦”来代替“别磨蹭，赶紧去睡觉”。通过这些带有具体时间的清晰指令，把时间和孩子生活中具体的事件联系起来。

训练 1：感受 1 分钟

【3 ~ 6 岁孩子适用】

准备道具：

一个 1 分钟沙漏，一碗混合的红豆、绿豆。

操作步骤：

（1）家长对孩子说："这是一个 1 分钟的沙漏。也就是说，这些沙子从这头完全流到另一头，刚好是 1 分钟的时间。现在我们来看看，我们 1 分钟内能从碗里挑出多少颗绿豆，看谁挑得多。"

(2) 沙漏开始计时，家长和孩子一起把绿豆挑出来。

(3) 沙漏计时结束，数一数孩子和家长各自挑出多少颗绿豆。

注：沙漏能够很好地让孩子感知到时间的流逝，是针对低年龄段孩子的训练中比较理想的计时工具。建议准备 1 分钟、10 分钟、20 分钟等不同时长的沙漏，根据不同的训练内容选择使用。

更推荐的做法是，家长和孩子一起动手制作沙漏。如果没有沙漏也可以用其他计时工具代替。

等孩子再大一点儿，就可以借助一些工具把时间具象化，让他自己能够直观地感知到什么是时间。对于小学生来说，时钟是很好的工具。

我们小的时候，家里用的是挂钟，整点和半点都会报时，它会给人一种紧迫感。

现在很多人都使用手机或者其他电子设备来看时间。但我建议大家在家里至少放置一个有时针、分针、秒针的钟表，这样可以更直观地看到时间的流逝，有利于培养孩子的时间观念。如果家里没有钟表，孩子只能通过问父母“现在是什么时候了”来知道时间，这不利于孩子建立时间管理的习惯。

训练 2：认识时钟

【小学一二年级孩子适用】

准备道具：

有刻度的时钟或者闹钟。

操作步骤：

（1）家长教孩子认识秒针、分针、时针。

（2）家长告诉孩子：秒针走一圈，分针走一小格，表示时间过去了 1 分钟；秒针走五圈，分针走一大格，表示时间过去了 5 分钟；分针走一圈，时针走一大格，表示时间过去了 1 小时。

(3) 睡觉之前 5 分钟，家长指着时钟告诉孩子：现在是晚上 9 点 25 分，分针指向数字 5，时针指向数字 9 和数字 10 之间；再过 5 分钟是 9 点 30 分，就该睡觉了。

注：家长可以在任何一个活动或者事件开始之前 5 ～ 10 分钟，引导孩子留意时钟的特点和变化。

进阶训练：

家长可以经常请孩子帮忙看时间，孩子通过这样的练习，既能熟练掌握与时间相关的知识，又能获得成就感。

小学三年级以后，绝大多数孩子已经能够自由、自主地从手机、平板电脑、运动手表、时钟、沙漏等工具上识读出时间了。

父母可以这样做

- 要有意识地将时间和孩子的日常事件联系在一起。
- 在家里放置一个可以直观地看到时间的钟表。

了解自己的一天是如何度过的

每一位正在阅读这本书的家长，可能都有一个期望，就是帮助孩子把时间过得更有意义、更充实而不忙乱。也就是说，对孩子的时间安排进行优化。要实现这个愿望，我们就需要先引导孩子思考：当前自己的一天是如何度过的？该几点起床？上学时需要几点出门？每天要做些什么？

让我们一起来做一个训练。小学高年级的孩子可以独立完成，小学低年级及以下的孩子，最好跟家长一起完成。

训练 3：我的一天

准备道具：

纸、圆规、彩笔、尺子、量角器。

操作步骤：

（1）用圆规在纸上画出一个大圆，代表一个钟表盘面。

（2）在圆周上画出 24 小时（注意不是 12 小时）。

（3）让孩子说一说“我今天做了什么”，比如“起床”“穿衣”“洗漱”“吃早餐”，并用不同颜色的笔将这些事件写在时间圆的相应部分。低龄儿童可由家长协助完成。

注：家长可以同时为自己制作一个时间圆，这样孩子会看到，爸爸妈妈的一天是如何度过的。比如，可以跟孩子交流：“为什么早上7点20分我们一定要出门呢？因为爸爸把你送到幼儿园后，还要在9点之前赶到公司上班呢。”

了解自己的喜好顺序和行动顺序

如果孩子被问到是喜欢吃肉还是喜欢吃菜，可能他们都能明确地回答你。当桌上有辣椒炒肉、米粉蒸肉和清炒菜心三道菜时，孩子如果能明确地告诉你，他最喜欢的是辣椒炒肉，其次是米粉蒸肉，最后才是清炒菜心，这就说明孩子心中有一个明确的喜好顺序。但有些孩子，他们对这三道菜的喜好程度相当，无法明确地区分哪道更喜欢或哪道更不喜欢，这种情况下就说明孩子是没有明确的喜好顺序的。

有明确的喜好顺序的孩子，在时间管理上会更趋于主动。但如果仅仅是有明确的喜好顺序，还不足以让孩子管理好自己的时间。孩子还需要了解自己的行动顺序。

幼儿园的老师经常会看到这一现象：明明有的小朋友很喜欢吃鸡腿，但他们却总是将鸡腿放在最后才吃。

我们应该都更喜欢完好无损的苹果，而不喜欢腐坏的苹果，但是在面对一箱开始腐坏的苹果时，并非每个人都会从好苹果开始吃。有些人的行动顺序和喜好顺序是一致的，他们先吃好苹果，到后来有些苹果腐坏得太厉害了，就不得不扔掉；有些人的行动顺序和喜好顺序是相反的，他们先吃那些看起来不太新鲜的苹果，最后几乎可以吃掉所有的苹果。

为了明白自己的喜好顺序和行动顺序是否一致，让我们一起来做一个训练。小学高年级的孩子可以独立完成，小学低年级及以下的孩子，最好跟家长一起完成。

训练 4：调查自己的喜好顺序和行动顺序

准备道具：

两种颜色的彩笔、纸。

操作步骤：

（1）孩子用第一种颜色的笔列出自己每天经常做的五件事，喜欢的和不喜欢的都要有，并且按照从最喜欢到最不喜欢的喜好顺序进行排序。如果孩子还小，家长可以从旁协助。

（2）孩子用第二种颜色的笔，将罗列出的

这五件事，按自己日常的行动顺序，重新罗列一遍。

(3) 让孩子比较自己的喜好顺序和行动顺序是否一致。

你的孩子可能被贴上什么标签

通过“训练3”，孩子知道了自己每天都做了些什么，家长也获知了孩子当前一天的时间安排情况。现在，家长和孩子可以一起来检视一下，孩子目前的一日安排存在哪些不足。值得注意的是，这些所谓的不足，可能是你家孩子个人存在的问题，也可能是很多孩子共同存在的问题。

长期以来，在我接待的儿童心理咨询来访者和课程培训的学员群体当中，他们反馈的关于孩子的时间管理问题很多，我总结了一下，主要集中在以下几个方面。

我们先把这些问题罗列出来，至于怎么解决，我将在第五章逐一说明。

标签一：晚上不能早睡，早上按时起床困难

孩子睡得晚，可能会导致睡眠不足。根据发展心理学的研究，3～6岁的孩子，每天需要12～14小时的睡眠；而对于小学生，则要保证每天至少9小时的睡眠时间。睡眠不足不仅影响孩子身体发育，更会导致孩子情绪不稳定、注意力不集中等。

需要注意的是，高效利用时间，并不需要以牺牲健康为代价，“三更灯火五更鸡”的读书时代已经过去了，身心健康才能更高效地利用时间。

标签二：出门磨蹭，上学落后

孩子作为社会的一员，应该知道，守时是需要遵守的基本行为规范。

孩子每天从起床到出门前的这段时间里，要完成的事项很多，但时间却很短，有的甚至只有半小时左右。如果没有好好规划这段时间，很容易忙中出错，忘东忘西，而且匆匆忙忙赶到学校后，会发现自己经常是落后的那几个，甚至还可能迟到。

标签三：做作业拖拉，效率低

这是许多家长最为头疼的问题。明明作业量并不多，但是孩子每天做作业却要花上两三个小时。对于孩子自己来说，要说完全不知道自己为什么拖拉，家长是不能接受的，因为家长对于这种拖拉肯定是“怨气冲天”的。为何会导致这种情况发生，孩子心里是有些明白的，最大的可能，就是自己的注意力分散或者过于追求完美。

标签四：拿起电子设备就放不下

很多家长抱怨，孩子一拿起手机或者平板电脑就放不下来。孩子在被家长管教的时候，也会觉得自己做得有点儿“过分”。视频和游戏对孩子的影响是多维度的，孩子沉迷手机、平板电脑等电子产品，很大的原因在于视频或游戏的界面色彩绚丽，背景音乐优美动听，它们可以在视觉、听觉等多感官层次上吸引孩子，并令他们产生好奇心和吸引力。电子产品的优势很多，如内容有趣、操作便捷等，但是如果过度使用则会带来许多危害，其中最突出的就是损害孩子的视力，破坏孩子的专注力。

标签五：别人家的孩子

这大概是所有标签里最令家长眼红，孩子羡慕、嫉妒的。“别人家的孩子”似乎总是那么优秀，时间也管理得很好，而且这种孩子是老师的宠儿，常常被当成学习标兵。

但值得注意的是，孩子成为自己，比成为“别人家的孩子”更重要。

每个成年人都是不同的，孩子也是如此。因此，家长平时应引导孩子不要盲目要求自己标准化，“别人家的孩子”所使用的时间管理方法和手段，也许对他并不合适，重要的是要寻求适合自己的道路。

以上这些问题，我将在第五章一一来破解。接下来，让我们先来看看，孩子在进行时间管理时还需要有哪些技能傍身。

本章总结

❶ 学习时间管理需要让孩子对时间有一个客观的认识。

❷ 了解自己的喜好顺序和行动顺序，会让孩子在时间管理上更趋于主动。

3

第三章

五步完成时间管理的系统训练

管理时间是一项系统工程。

我们的目标是把孩子培养成实施这项工程的工程师。学习到这里，这位小工程师已经具备了一定的关于时间的知识储备。但仅有知识还不够，还需要掌握一些必备的技能，才算具备了工程师资质。下面让我们一起来进行时间管理的系统训练。

估算做一件事需要花费多长时间

在制作时间圆盘的时候，家长和孩子都会有这种感觉：原来一天要做的事情还挺多的！例如，从早上起床之后到上学的这段时间，要穿衣服、洗漱、吃早餐、穿鞋、戴红领巾等。要保证在出门之前完成这些事情，就需要知道每件事需要花费多长时间。如果我们问孩子："刷牙、洗脸需要几分钟？"孩子很可能答不上来。不仅是孩子，事实上，很多大人也从来没有注意过这个问题，基本是凭着感觉来估算。

这种靠感觉估算时间的现象是普遍存在的。不单单是在时间管理上，在工作、生活中，很多人都有这种体验。例如，我们炒菜的时候，往往都是凭经验来估算所放调料的多少，我们不会像德国人那样用高精密的小天平称好后再使用。事实证明，这种估算会因人而产生不同的结果，不同的人凭估算放的调料，会让菜肴有咸有淡。

很多时候，我们对时间的感觉也是如此，是不可靠的。比如，在排队的时候，我们会觉得每一分钟都特别漫长；而在刷短视频的时候，半小时感觉瞬间就过去了。因此，需要先让孩子借助计时工具，让他准确地知道，自己完成一件事情需要多长时间，这样才会对时间有一个客观的认识。

父母可以这样做

- 帮孩子估算做一件事情需要花费多长时间以提升效率。
- 让孩子通过计时工具来了解自己完成一件事情需要花费多长时间，以便对时间有一个客观的认识。

训练 5：做一件事需要多长时间

准备道具：

计时工具（手表、手机等自带的计时器）、笔、自制表格（如第 51 页所示）。

操作步骤：

（1）孩子自己决定某一个时间段要做什么事，按顺序填入表格。低年级及以下的孩子，可以向家长寻求帮助。高年级及以上的孩子，可以独立完成，也可以邀请家长在旁边监督。

（2）孩子预估一下自己做每件事大概需要多长时间，如果孩子自己无法预估，可以先空着，家长不必急于干涉。

（3）孩子使用计时工具，计算出自己完成每件事分别花费了多长时间，然后及时填入表格；如果孩子年龄还小，不能独立完成表格填写，家长可以适当地帮助孩子。

（4）家长和孩子一起讨论表格的内容，比如，哪些事项是孩子实际使用时间比预估时间少的，可以给予肯定："你穿衣服只用了3分钟，比预计少花2分钟呢。"对于花费时间比较长的，和孩子一起探讨原因，并尝试改进的方法。

一日生活计划表

时间	事项	预估时间	实际时间

区分想做的事情和必须做的事情

从孩子的时间圆盘我们还能看到，如果不是在寒暑假，除去睡眠和在校这两块固定的、需要优先保障的时间外，孩子可以规划的时间并不多。幼儿园小朋友大概有 3 ～ 4 小时，小学生有 5 ～ 6 小时，这其中还包含吃饭、洗澡、上厕所等必须花费的生活时间。因此，对这仅有的数小时精打细算是非常有必要的。

孩子每天到底要做什么呢？对于家长来说，他们也许想的是到底应该给孩子安排哪些活动？

网络上流传着这样一句话：“我爱学习，学习使

父母千万不要这样做

- **不要**让孩子只做父母认为“必须做的”事情，孩子的每日活动应包括“必须做的”和“想要做的”。
- **不要**放任孩子随心所欲，只做自己想做的。

我妈妈快乐。”这是一个悲伤的笑话。孩子不该只是实现父母意志的工具人，生活中只充斥着父母认为“必须做的”。但这也不意味着孩子就能放任自己随心所欲，只做自己想做的。

南宋大学者朱熹在《劝学诗》中写道：“少年易老学难成，一寸光阴不可轻。”孩子处于身心发展的黄金时期，需要在家长的支持和指引下，进行一些助益自身成长的活动。也就是说，孩子每天的活动应该包含“必须做的”和“想要做的”。当然，如果能把“必须做的”和“想要做的”进行组合甚至融合，就会达到事半功倍的效果。

现在家长可以和孩子一起，把“必须做的”和“想要做的”梳理一下，制作成“时间大集合”。如果孩子可以自己完成，家长在一旁监督即可。

训练6："想要做的"和"必须做的"时间大集合

准备道具：

两种颜色的便利贴、笔。

操作步骤：

(1) 孩子在一种颜色的便利贴上写出自己"想要做的"，并尽可能多地说出自己的想法，家长需要做的就是不做任何评价。

(2) 孩子在另一种颜色的便利贴上写出自己"必须做的"，这时家长需要参与讨论。

注：家长要在训练过程中和孩子充分沟通，而且可以借助这个训练了解孩子的喜好。

当孩子对“必须做的”事项提出异议时，家长要耐心地为孩子解释。例如，“练琴 60 分钟”，是因为下个月要进行钢琴等级考试，家长可以建议一下：“如果你想通过考级的话，最近就要多做一些训练才行。等考级结束后，就可以下调回每次练习半小时左右。”

决定事情的轻重缓急

在知道了要做哪些事情以后，家长和孩子可能都有困惑，是先做“必须做的”，还是先做“想要做的”呢？孩子可能会说先做“想要做的”——看漫画，家长可能觉得应该先做“必须做的”——写作业，于是就产生了冲突。遇到这种情况该怎么办呢？

不必着急。这个时候，我们可以借助四象限法则，让孩子自己或陪着孩子一起来确定活动的优先级别。建议家长先鼓励孩子自己完成，不要主动为孩子提供帮助。如果孩子的划分跟家长有冲突，家长要做的是先听听孩子的想法，而不要急于干涉。

四象限法则指的是根据重要程度和紧急程度两个维度，将事情划分为重要且紧急、重要但不紧急、紧急但不重要、不紧急且不重要四个类别。下面我们来看看如何进行四象限分类。

重要且紧急的事情

这一类事情是必须当天完成的，甚至是短时间内必须完成的。而且，完成了这类事情后，孩子会有很大的收获，如果不完成则需要承担某种严重的后果。例如，学校布置的作业，就属于这一类事情。

重要但不紧急的事情

这一类事情不是当前必须完成的，是一种蓄能的活动，会转化为孩子某一方面的长期价值或者竞争力。如果当前不投入精力去耕耘的话，在将来的某个时刻会带来损失或者妨碍孩子长大后获得成就感。人们常说的“磨刀不误砍柴工”“书到用时方恨少”“未雨绸缪”等，都是关于这一类事情的。对于孩子来说，如阅读、练字、体育锻炼、背诵等，这类事情就属于重要但不紧急的。由于在时间维度上它们属于不紧急，所以往往会被忽视或者拖延。在孩子的时间管理中，家长需要对这类事情持续加以关注，经常性地提醒孩子合理分配时间。

紧急但不重要的事情

这一类事情往往是非预期的、突发的或不在计划内的，例如，突然有一个电话打进来，你不马上去接听的话，总感觉有所损失。因为突发和迫切的心理暗示，很容易会让孩子错误地将这类事情归类为“重要且紧急”，比如铅笔断了要买新的，作业本丢了也要去买新的，好像如果不立马放下手上的事情去解决这类问题，就会影响今天的作业、明天的学习。但是，只要稍作分析你就会发现，这些都不是必须马上处理的事情。

不紧急且不重要的事情

这一类事情，做不做意义都不大，比如刷短视频、玩游戏、看综艺节目等。在空闲的时间里，这类事情可以当成一种调剂品。有些孩子觉得可以从这些活动中学到很多东西、交到一些朋友，于是误以为这是重要的事情。但如果放下平板电脑、手机，去看看书，就可以学到更多东西；出门走一走，跟同学聚一聚，就可以收获更真实、更长久的友情。

父母可以这样做

- 借助四象限法则，陪孩子确定活动的优先级别。
- 关注活动的重要性和紧急程度。

训练 7：轻重缓急分一分

准备道具：

白色卡纸、彩笔、训练 5 中得到的事项便签。

操作步骤：

（1）用白色卡纸和彩笔制作如图所示的四象限。

（2）家长和孩子一起讨论决定各个事项属于四象限的哪一个区，并把事项标签贴在对应

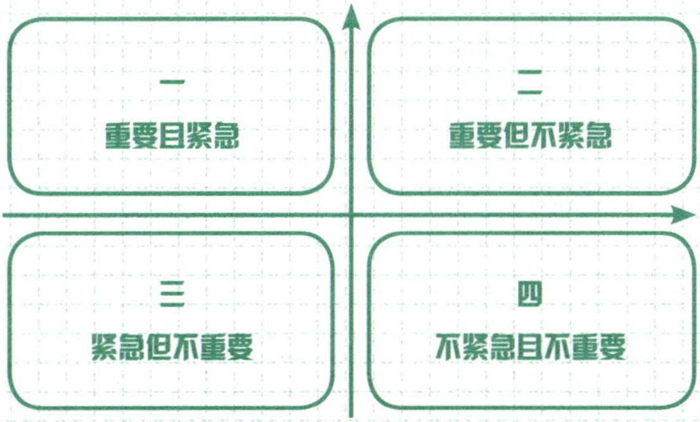

区域。如果孩子想独立完成，家长先不要急着干涉。

注：在分类过程中，家长要兼顾效率和孩子的意愿，不能过于功利。我们的目的是培养一个对自己负责任的人，而不是一个高效的学习机器。

你可能会发现孩子会把“想要做的”放在“重要且紧急”区域，这时候切记不要急着否定孩子，要耐心倾听孩子的理由。

例如，我女儿约了小伙伴周五晚上 7 点钟在小区游乐场玩耍，所以到了周五晚上，对于她来说，这是“重要且紧急”的事情。我会给予充分的理解。为什么呢？孩子们周一到周五虽然在学校天天见面，但是能够一起玩耍的时间并不多，孩子的需求应该被看见、理解和尊重。当然，我也会提出期待："嗯，我非常赞同把这个放在重要且紧急的区域，因为接下来还有周六、周日两天时间，你一定可以完成作业和其他计划要做的事情的。"孩子也会欣然接受我的建议。

根据目标倒推活动计划

很多家长一定对这样的场景非常熟悉：眼看着已经到了要出门的时间，却发现孩子还在拼拼图、玩乐高或者看电视，于是家长顿时觉得血压飙升，河东狮吼："你怎么还没有换衣服，一点儿计划都没有！"孩子为什么没有计划呢？可能是因为孩子还没有学习怎样做计划。

在确定了重要且紧急的事情后，应该怎样保证它顺利完成呢？这就需要学会如何根据目标来倒推活动计划，以顺利实现目标。例如，我们假期要出去旅游，就得先买好车票或机票；而要买票，就要先确定

父母可以这样做

做一件事情之前先和孩子一起确定完成任务所需时间，然后根据设定的时间倒推出每一项任务所需花费的时间，以此帮助孩子提升效率。

目的地；要想确定目的地，就要先确定预算。这样一来，做好预算—确定目的地—买票—出行—游玩就一气呵成了。

倒推活动计划，首先需要孩子了解在做这件事情之前要做哪些准备，每一项需要花费多长时间，然后计算出总共需要的时间，这样就可以知道该从什么时候开始着手准备了。

家长可以和孩子一起通过做饭来进行目标倒推训练，下面我们一起来练习一下吧！

训练 8：午饭的准备

准备道具：

设施完善的厨房。

操作步骤：

（1）家长和孩子一起商量中午开饭的时间，例如 12 点 30 分。

（2）家长和孩子一起列出午饭前需要做的准备工作，例如煮饭、煲汤、洗菜、切菜、配菜、炒菜等。

(3) 列出每一项准备工作需要花费的时间，并计算总共需要花费多长时间。

(4) 根据计划的开饭时间，确定着手准备午饭的时间。

注：在第（3）步中，有一个更高阶段的时间管理能力的培养，那就是不同的工序会导致孩子所花费的时间不一样。孩子应该通过多次实践，然后寻找自己认为更合理的工序，以获取最少工作时间。

利用工具来提高注意力

当孩子看电视或者漫画书时，家长们应该都注意到了，那叫一个全神贯注、不知疲倦！连上个厕所都是争分夺秒，速战速决。与此相反，到了做作业、练琴、练字的时候，可就是一会儿摸摸文具，一会儿要上厕所，一会儿要喝水，一会儿看下表。

为什么会这样呢？这是因为做作业、练琴、写字这些活动，需要注意力更加专注，而孩子却无法把注意力长时间维持在这些活动上。

孩子的注意力维持时间的水平会随着年龄增长而

发展。心理学的研究表明，中学生能集中注意力的时间平均为 30 分钟；小学五六年级的孩子能集中注意力的时间在 25 ~ 30 分钟；小学三四年级的孩子能集中注意力 20 ~ 25 分钟；小学一二年级的孩子能集中注意力 15 ~ 20 分钟；幼儿园的孩子能集中注意力的时间更短，差不多每小 1 岁就相应地降低 5 分钟。

由此可见，孩子注意力集中的程度是和年龄成正比的。家长和孩子都要留意这一点。如果孩子的注意力可以维持在特定的范围之内，就属于正常现象，不必担心。孩子的注意力会随着年龄的增长而逐步提高。

当孩子在安排活动时，家长可以提供适当的帮助，比如，在孩子安排对注意力要求较高的活动时，可以提醒孩子参考他们所处的注意力维持时间的水平。而孩子在执行活动时如果容易走神，可以利用一些道具来进行辅助，如沙漏、番茄钟、闹钟等。

在进行注意力要求较高的活动时，使用番茄钟的工作方法可以帮助孩子逐步提高专注力，并将自己的注意力维持在较高的水平，从而提高时间管理的能力。但需要注意的是，一个标准的番茄钟等于 25 分钟的工作时间加上 5 分钟的休息时间。也就是说，孩子要做到劳逸结合。

以下的训练中，家长要根据孩子当前的注意力维持时间的水平，来设置适当的学习或活动时间。家长和孩子自己都不要急于求成，不要将起步目标设置得过高，否则可能会让孩子望而却步，导致训练失败。

父母千万不要这样做

- **不要**为提升孩子注意力而做任何事情都借助辅助工具。
- 进行专注力训练的时候**不要**给孩子设定过高的目标。

训练 9：番茄钟工作法

准备道具：

番茄钟、笔、任务清单。

操作步骤：

（1）列出要完成的任务，并估算需要几个番茄钟。

（2）先请孩子做好准备，比如上厕所、喝水，再向孩子介绍番茄钟。

（3）设置番茄钟 25 分钟（或者其他时长），

孩子开始专注完成某项任务，如做作业，直到闹钟响起。

（4）休息5分钟。这时候孩子要停止任务，进行休息。

（5）开始下一个番茄钟，继续完成清单上的任务。如此循环，直到完成所有任务。

本章总结

❶ 估算做一件事情需要花费多长时间有利于提升效率。

❷ 把“想要做的”和“必须做的”事情进行组合，会达到事半功倍的效果。

❸ 学会用四象限法则掌握事情的轻重缓急。

❹ 根据目标倒推活动计划也是提升效率的有效手段，同时还可以借助沙漏、番茄钟、闹钟等提高注意力的辅助工具帮助孩子实现目标。

4

第四章

让时间管理成为一种长期习惯

孩子在具备了必不可少的认知和一定的技巧之后，就一定能管理好自己的时间吗？可能还是不一定。孩子要想管理好自己的时间，需要他摸索出适合自己的模式，制订出适合自己的规则，从而将自己的时间管理习惯长期坚持下去。

让我们一起来学习时间管理的 SCNW 模型吧。

什么是时间管理的 SCNW 模型

为了帮助孩子管理好时间，我在《给孩子的时间管理课》（中国妇女出版社，2020 年 10 月出版）一书中，提到了一个“SCNW”时间管理模型。

S 就是英文 Scheduling 的首字母，表示日程规划。孩子可以自己设置任意格式的日程规划表，把自己每天要做的事情，结合自己的喜好顺序和行动顺序罗列出来。小学低年级及以下的孩子，可以寻求家长的协助；小学高年级及以上的孩子，尽量自己完成。

C 就是英文 Concentration 的首字母，指专注力，也就是俗称的注意力。如果孩子的注意力不够集中，那可能做什么事都不能专心。一旦容易分心，时间自然就没办法管理得很好，明明 1 小时可以做完的事情，因为不够专注，可能要做 3 小时。

N 就是英文 Narrating 的首字母，表示叙述。叙述可以分为三大类：一是孩子学过的东西，要鼓励他说出来，讲给家长听；二是让孩子自己讲故事，故事的内容可以是一天的见闻或自己编造的故事等；三是家长跟孩子一起，采用问答或商量的方式，对任务或项目进行分类。

W 就是英文 Willpower 的首字母，表示意志力。意志力，指的是确定目标并朝着目标坚持不懈地前行的心理品质。具有强大而稳定的意志力，是整个 SCNW 时间管理模型能够实现的基础。

利用意志力坚持完成日程规划

每天要做什么事？先做什么，后做什么？这两个关于日程规划的问题，至少有三分之一的孩子是无法独立解决的。当然，家长可以从旁协助孩子完成，但他们总会长大，家长能协助到哪一天呢？因此，培养孩子养成做日程规划的好习惯才是正确的选择。

做日程规划是一个枯燥的任务，任何人要想长期坚持下去，都需要强大的意志力。在做规划之前，孩子先要明白这三点：每天有多少时间？每天有多少事情？每天怎样安排事情？

训练 10：寒暑假的日程规划

准备道具：

A4 纸、笔。

操作步骤：

（1）孩子在 A4 纸上画出任务目标表格，表格的规格可以自己设计，只要能够表达出整个假期要完成的各项任务的目标就可以。

（2）孩子在 A4 纸上画出任务执行表格，表格的规格可以自己设计，只要能够表达出每日时间分段、每段时间内要完成的事情就可以。年龄偏小的孩子，可以由家长协助完成。

(3) 和家长一起讨论，这一规划的形成依据是什么。

注：在这项训练的操作过程中，家长要和孩子保持充分沟通，借助这个训练，了解孩子的统筹规划能力。另外，如果孩子的表格设计能力有所欠缺，家长可以建议孩子先参考学校的课程表，然后逐步提高表格设计能力。

利用意志力坚持完成注意力训练

孩子的注意力，是指他们心理活动指向和集中于某种事物的能力，更通俗地说，就是伴随着感知觉、记忆、思维、想象等过程的一种共同的心理特征。

注意力有两个基本特征。第一个特征是指向性，孩子为什么注意到窗外有只鸟飞过而没有注意到老师讲了什么，就是因为注意力具有指向性造成的。第二个特征是集中性，有些孩子能够聚精会神地学习，别人怎么打扰都无法让他们离开书本，就是因为他们的注意力能够高度集中。

从生命形态学来说，注意力可以分为视觉注意力、听觉注意力、触觉注意力、嗅觉注意力和味觉注意力。我们分别举几个例子。

视觉注意力

通过眼睛来执行任务时，视觉注意力发挥着最主要的功能。例如，看航展、看节目表演、看书等。

听觉注意力

通过耳朵来执行任务时，听觉注意力发挥着最主要的功能。例如，打电话、听故事等。

触觉注意力

通过身体接触来执行任务时，触觉注意力发挥着最主要的功能。例如，爱抚宠物、打球等。

嗅觉注意力

通过鼻子来执行任务时，嗅觉注意力发挥着最主要的功能。例如，泡茶时闻茶香、炒菜时闻菜香等。

味觉注意力

通过口、舌来执行任务时，味觉注意力发挥着最主要的功能。例如，喝糖水、品尝菜肴等。

实际上，要想高效地完成现实生活中的很多事情，都需要同时调动以上好几种注意力。例如，打球的时候，身体、眼睛和耳朵必须保持协调，这就需要同时调动触觉注意力、视觉注意力和听觉注意力；炒菜时讲究色香味俱全，这就需要同时调动视觉注意力、嗅觉注意力和味觉注意力，而在挥动锅铲的时候，自然也少不了触觉注意力。

每一种注意力的培养，都需要相应的长期训练。如果孩子想成为烹饪专家或美食家，那就要多锻炼嗅觉注意力和味觉注意力；如果孩子想成为乐器演奏家，那就要多锻炼视觉注意力、听觉注意力和触觉注意力；如果孩子想成为数学家或文学家，最重要的就是培养视觉注意力。

训练 11：视觉注意力训练

准备道具：

方便获取的各类小物品 9 样，如下表（可以根据个人喜好选择不同的物品）。

1	2	3	4	5
橡皮	直尺	书本	卷笔刀	乒乓球
6	7	8	9	
乒乓球拍	毛绒玩具	饭碗	保温杯	

根据准备的物品，将它们制作成数量不同的卡片，每三张卡片为一组，以下图为例。

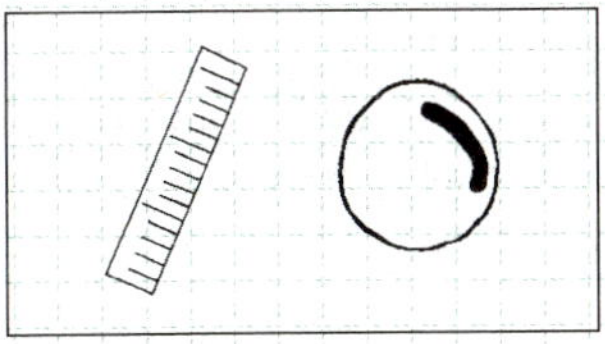

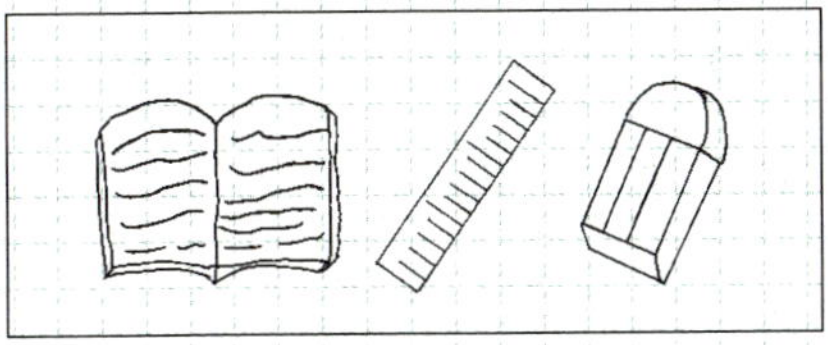

本组卡片中第一张卡片的内容为直尺、乒乓球，第二张卡片的内容为书本、直尺、橡皮，第三张卡片的内容为乒乓球、书本、卷笔刀、毛绒玩具（每张卡片上的内容可以有重复的，也可以不重复）。

操作步骤：

（1）家长按照制作卡片上的顺序，依次用

手指读卡片上的物品名称，然后让孩子复述物品名称。

（2）从画了 2 个物品的卡片开始训练，如果孩子完全复述正确则继续挑战画有 3 个物品的卡片，以此类推。如果有错漏，则重新挑战画有 2 个物品的卡片。每个阶段有三次机会。

注：根据孩子的年龄和学习能力不同，可以调整难度，比如，刚开始可以对顺序不做要求，然后加大难度，要求孩子按照顺序、倒序指出物品；接着可以对卡片里的物品进行涂色，要求孩子说出颜色；也可以要求孩子说出卡片中物品的朝向或姿态，例如，书本是横放还是竖放的，毛绒玩具是坐着的还是躺着的。

训练 12：听觉注意力

准备道具：

白色卡纸、尺子、黑色笔。

操作步骤：

（1）用白色卡纸、尺子、黑色笔制作 2 ~ 10 个词的词卡各 3 组，可以参考下表中的词，也可以按照自己的喜好来选择词语。

土豆	牙膏	牛奶	山羊	番茄	鲸鱼
毛笔	橡皮	医生	红旗	枕头	鸡蛋
苹果	水牛	黄豆	钢笔	椅子	台灯
警察	太阳	老鼠	兔子	老虎	雪糕
柚子	熊猫	杧果	书包	毛巾	眼镜

(2) 家长向孩子介绍游戏规则——家长念完一张卡片上的所有词语，孩子马上进行复述。从只有2个词语的卡片开始，孩子如果能复述正确，就接着挑战3个词语的词卡。如果有错漏，则重新挑战2个词语的词卡，每个阶段有三次机会。以此类推。

注：根据孩子的年龄和学习能力不同，可以调整难度，比如，刚开始可以对复述词语的顺序不做要求，之后再要求孩子按照顺序、倒序复述，逐渐加大难度。

训练 13：触觉注意力

准备道具：

无。

操作步骤：

这个训练比较简单，不需要任何道具，随时随地都可以和孩子玩。下面列举几种可以操作的情况：

（1）用手指在孩子的手心写数字或者汉字，让孩子猜。

(2) 用手指在孩子的背上写数字或者汉字，让孩子猜。

(3) 经常触摸不同的活体树叶，让孩子说出触感的区别。

请根据第三章第五节的相关内容来评估孩子的注意力是否落后于平均水平，如果是，则孩子可能存在注意力不集中的困扰。孩子的注意力不够集中，有可能存在以下多种原因。

（1）生理因素。孩子的饮食和睡眠情况都会对注意力产生显著影响。例如，不吃早餐、挑食、偏食、每餐吃得过饱、睡眠质量不佳、爱熬夜、晚起等。像上述生理上的因素，我们只要帮助孩子养成良好的饮食习惯和睡眠习惯，问题就会慢慢地得到改善。

（2）环境因素。孩子的注意力很容易被新鲜、多变的刺激物所吸引。例如，孩子的玩具太多，就容易让他眼花缭乱，无从下手，注意力持续的时间也会缩短。正确的做法是，不要一下子给孩子太多玩具，可以先让他专心地玩一两个，等他玩腻的时候，再给他换新的玩具。如果学习环境混乱、嘈杂，这样的干扰过多，也会影响孩子的注意力。正确的做法是，给孩子创造一个安静、舒适的学习环境，千万不在家里打麻将、唱卡拉OK，也不要把电视、电脑的声音开得太大。另外，家长不要当着孩子的面争吵，不要以关心他的名义去打扰、分散他的注意力。

一般来说，以上三种主要原因中，学习环境混乱、嘈杂较为常见，我们要在这方面多下点儿功夫，不断改进，给孩子创造一个有助于集中注意力的环境。

(3) 病理因素。这很可能与孩子脑部受损有关，分为内因和外因。内因可能是孩子出生前，母体出现过宫内感染、缺氧等，还可能与早产、生产时脑部受到产伤有关；从外因上来讲，父母关系不好、孩子学习压力过大，都会减弱脑的调节功能，促使多动症的发生和持续，导致注意力不集中。对于孩子注意力不集中的病理原因，家长不可随意下结论，应由专科医生或专业人士进行诊断，然后根据具体症状采取科学、合理的治疗方法，慢慢帮助孩子解决注意力不集中的问题。

（4）个人心理作祟。前三种因素都属于客观因素，而个人心理作祟就属于主观因素了。例如，有的孩子为了吸引别人的注意力，故意说话、做事颠三倒四，让人觉得不符合常理，看起来就是浪费时间，注意力涣散。

利用意志力坚持完成日常叙述

在时间管理的SCNW模型中，N就是叙述能力的培养。叙述能力看起来似乎跟时间管理不相干，但真的如此吗?

事实上，叙述能力决定了时间利用的效率。我从小时候开始，直到今天，都一直受益于这一能力。将叙述能力结合碎片时间进行合理利用，是我得以成功地跨专业而不耽误学业的法宝。我曾经将大段时间用于数学专业的训练，而碎片时间则用于学习文、史、哲等社会科学。

如果家长想高质量地陪伴孩子，有意无意地帮助孩子培养他们的叙述能力，是很重要的一件事。现在的家长工作都很繁忙，陪伴孩子的时间非常有限。如果抓住有限的时间，听听孩子叙述在校的一日见闻，听听孩子叙述一天的所学知识，听听孩子叙述自己的理想，陪孩子一起叙述某个故事，这是一举两得的美事！

如果家长没有时间，家长可以引导孩子把自己当成听众，自我叙述，将有趣的事情讲给自己听。另外，默读、默诵、默记，都是不错的选择。

家长引导孩子在自我叙述时，也要让他有时间观念。例如，在等地铁时，由于只有两三分钟的时间，这时候可以背诵几首较短的古诗词；如果有十分钟左右的碎片时间，就可以把以前学过的课文讲给自己听，也可以把前一天的数学课内容复述出来。这种背诵或复述，完全可以在心里完成，并非一定要说出来。

叙述能力的强与弱，是决定碎片时间利用效率的重要因素，而孩子如果一有碎片时间就开始背诵或复述，也能极大地锻炼叙述能力。

有的人天生就是做老师的料，是因为他们能够很好地在独自一人时叙述出自己要讲的内容，所以这些老师能够在固定的时间内讲完既定的内容，不会拖堂也不会早退。

父母可以这样做

- 帮助孩子养成做日程规划的好习惯，坚持让孩子规划好自己每天要做什么事，先做什么、后做什么。
- 根据孩子的特点，帮助孩子坚持进行相应的注意力训练。
- 坚持训练孩子碎片时间利用率，并以此提升叙述能力。

那些无法把自己的想法很好地描述给别人听的孩子，很大一个可能就是缺乏叙述能力的锻炼。这些孩子将来如果成为一名老师，他们就会发现，要在45分钟之内刚好把既定的教学任务完成，是一件十分困难的事情。

看到这里，你还会觉得叙述能力与时间管理无关吗?

训练 14：大段时间内的叙述能力训练

准备道具：

《西游记》原著、电视剧或听读类故事。

操作步骤：

（1）家长和孩子一起学习《西游记》，可以是原著，可以是电视剧，也可以是听读类音频。

（2）家长准备一些问题，让孩子叙述。例如，“三打白骨精”的故事中唐僧为何误会孙悟空？观音菩萨是怎样帮助孙悟空逃出五行山的？

唐僧的白龙马是怎么得来的？

（3）对孩子叙述中存在的疑点以及错误之处，与孩子一起去原著中找出正确答案。

注：在第（2）步中，设置的问题最好都需要一段比较长的叙述才能完成，家长可以建议孩子尽量多说一点儿。

训练 15：碎片时间内的叙述能力训练

准备道具：

《唐诗三百首》。

操作步骤：

（1）家长要留意碎片时间经常出现在哪些时间段，并把握好碎片时间。

（2）孩子利用碎片时间背诵并给自己讲解一首篇幅较短的唐诗。

（3）如果碎片时间有家长的陪同，家长可以与孩子互动；否则孩子独立完成。

注：碎片时间的选取可以是多场景式的，例如，吃饭前的几分钟，入睡前的几分钟，一起等车的几分钟，一起逛超市的时候，等等。

如何提高意志力

如果孩子没有强大而稳定的意志力，前面的一切能力训练可能都无法帮助他们很好地进行时间管理。忍耐和坚持虽是很痛苦的事情，但孩子如果做到了，就能渐渐地为他们带来很多益处。如果没有意志力，成功只是暂时的；有了意志力，伴随着成长，成功会成为必然。

孩子应该怎样培养自己的意志力呢？我们把意志力的形成分成两个阶段。第一阶段，树立目标。孩子可以通过叙述，和家长一起讨论，长大以后要成为什么样的人，要实现怎样的抱负。这是很重要的一件事。第二阶段，是坚持朝着目标迈进。孩子必须在第一阶段树立了目标，才能明白恒心与毅力的意义，并在第二阶段坚持下去。

孩子小的时候，目标不要定得太高或太远。对于未成年的孩子来说，由于心智还在发展，他们的认知水平也在发展，所以他们的愿望或理想也会随之产生变化。例如，孩子在幼儿园的时候，可能想成为一名幼儿园老师；到了小学时，又想成为小学老师；到了中学时，可能又想成为中学老师；到了大学，又想成为大学老师。我自己曾经就是这样的。

我反思了自己的这个变化过程，发现其中的核心部分是没有变化的，那就是做一名人民教师；随着自己的心智发展在变化的，是做什么样的老师。我个人觉得个人理想或目标的核心部分是很重要的，如果核心部分发生了大的变化，很不利于培养恒心与毅力。

确立目标并坚定地朝着目标前进，在这一过程中，可以把目标分解成一个个可实现的阶段性目标。

当孩子把小学阶段的总目标定下来后，就要具体分配每个年级要完成的目标。例如，孩子小学毕业时希望能完成钢琴十级等级考试、背下300首诗词的目标，那么从一年级到六年级分别要如何训练、要达到什么水平，就需要好好地规划一下了。

在孩子锻炼意志力的过程中，如果孩子中途出现开小差的行为，家长不要急于介入，更不能频繁介入。动不动就提醒孩子“难道你忘记以前承诺过的目标吗”，这样的话语对孩子打击是很大的，他们会觉得被误解甚至被贬低。换位思考一下，如果有个人总在你身边唠叨“你忘记初心了吗”时，你会怎么样？孩子在心智不够成熟时容易产生逆反心理，这种唠叨或贬低是主要诱因。

意志力的实现还需要健康的体魄来支持。因此，参加体育锻炼是必不可少的。每个孩子都至少要有一项自己喜爱的体育运动。喜爱体育运动，并不意味着一定要达到专业的水平，而是让孩子愿意在自己喜欢的运动项目上花点儿时间来锻炼身体。例如，可以让孩子每天打 1 小时乒乓球，跑步 1 千米，做 50 个俯卧撑。如果运动强度大不的话，可以一次性完成锻炼，如果运动强度较大则可以分时、分量地完成。

如果让孩子自己培养意志力存在一定难度，家长也可以参与进来，大家共同进步。家长的言传身教非常重要，潜移默化的作用非常有效。如果家长本身做事就容易放弃，三天打鱼，两天晒网，那就很难说服孩子坚持下去。如果家长是个坚毅的人，孩子的意志力培养就有一个现成的榜样。

父母可以这样做

- 帮助孩子制订目标，并朝着目标努力。
- 孩子出现开小差的情况，不要频繁介入，避免孩子产生逆反心理。
- 多参加体育锻炼是提升孩子意志力的有效途径。

训练 16：提高意志力训练之一：平举练习

准备道具：

计时器、记录卡。

操作步骤：

（1）家长和孩子一起，双手前平举，与肩同高。从 30 秒开始挑战，然后慢慢加长时间。

（2）要注意保持呼吸均匀。

注：每次时间增加不宜过长。记录下训练的日期和每次挑战成功的时长。

训练 17：提高意志力训练之二：徒步

准备道具：

计时工具、小背包（用来装饮用水、纸巾等）。

操作步骤：

（1）家长和孩子一起去郊区进行 3 千米徒步训练。

（2）家长和孩子各自背上自己的小背包，在山路上行走时，秉承“不怕慢，就怕站”的原则，尽量不要停下来休息太久。

注：家长应选择比较安全的徒步训练路线，并逐步改变路线的难度，增加徒步长度，可逐步增加到 5 千米。

本章总结

帮助孩子有效提升时间管理能力的“SCNW”时间管理工具，掌握其核心要点，即利用意志力坚持完成日程规划（Scheduling）和注意力（Concentration）训练，提升叙述能力（Narrating）和意志力（Willpower），由此让孩子成为时间管理小达人。

5

第五章

时间管理解决孩子日常问题

总有这样一些孩子，他们似乎学了很多技能，却依然管理不好自己的时间。这到底是什么原因造成的呢？现在，就让我们针对几个高频问题，来说一说解决方案。

孩子总是晚睡怎么办

孩子经常晚睡会导致身体免疫力下降，影响身体发育，对第二天的生活和学习状态也有不利影响。很多家长既重视这个问题，也为此头疼不已。

经历了一个漫长的暑假后，小苗终于迎来了四年级新学期。但是开学后的一个月，小苗的父母却头疼不已。由于暑假期间生活不规律，小苗已经养成了晚睡的习惯，几乎每天晚上都折腾到11点多才睡觉。开学后，爸爸妈妈希望小苗像以前那样9点半准时上床睡觉，小苗却怎么也做不到了。尽管小苗的爸爸妈妈各种威逼利诱，但小苗就是没办法在10点前睡着。老师多次向小苗的父母反映她上课打瞌睡，但事后也没有什么成效，以至于妈妈都不敢接老师的电话了。

帮助孩子养成早睡的习惯，可以从以下三个方面着手。

首先，可以和孩子一起应用倒推技术，就是根据目标倒推执行计划，来规划睡觉前的各项活动。具体可以分为以下三小步：

（1）根据孩子第二天起床的时间，以及孩子需要的睡眠时间，确定孩子入睡的时间。比如，一年级的孩子需要10小时的睡眠时间，早上7点要起床，那么孩子的入睡时间就是晚上9点。

（2）列出孩子睡觉前要做的任务清单，以及每件事需要花费的时间，这样就可以知道，要保证晚上9点前上床睡觉，就应该从几点开始做睡前准备。如果还不知道孩子做什么需要多少时间，可以根据训练5的方法进行测算。

（3）孩子每完成一项任务，就在任务清单的相应事项后面打“√”。

其次，在完成睡前准备工作之后，安排一项孩子喜欢的活动，以加强他们完成睡前准备工作的动力。例如，讲故事、看绘本、听舒缓的音乐等。我女儿喜欢我们给她讲故事，或者陪她聊天，于是我们约定，在她做好睡前准备工作到她入睡之前这段时间，就是我们讲故事或者聊天的时间，也就是说，如果她前面完成得越快，这个时间就越长。

最后，家长要和孩子保持同步，以身作则。有些家长自己一边玩手机一边一个劲儿地催孩子“赶紧去睡”，你觉得孩子会听吗？为了让孩子养成早睡的习惯，建议到了孩子的睡觉时间大人也熄灯，暂停手中的所有活动。等孩子入睡以后再接着处理自己的事。

定下这三个步骤后，需要做的就是坚持下去。家长要认识到一点，千万不要以为让孩子早睡仅仅是孩子个人的事情，家长放纵自己则无法让孩子信服。

父母可以这样做

要想孩子准时睡觉，要做到：

- 规划好睡前活动时间。
- 准备一项让孩子有入睡动力的睡前活动。
- 和孩子作息同步，以身作则。

孩子做作业拖拉怎么办

在我遇到的孩子中，做作业拖拉主要有两种情况。

第一种情况，似乎就是天生的拖拉，他们要好久才动一下笔，没写几下又要擦掉重写，就这样写写擦擦，擦擦写写，似乎要跟纸张或橡皮过不去。这类孩子，20 分钟就可以完成的作业，起码可以拖拖拉拉地写上两个多小时。

第二种情况，孩子容易走神，生性好动，做作业的时候东张西望，手脚不停。这类孩子的注意力难以集中，也就是专注性不够好，所以正常20分钟能做完的作业，到他们这里，也要花很长时间。

针对第一种慢性子的孩子，家长可以先结合他的“时间圆”以及“想做的事”和“必须做的事”，来和他沟通。以下沟通过程可供参考。

“你看，这个圆代表一天的时间，除去睡觉和上学花去的时间，就剩这么一块了，但你还有很多的事情要做。我们来看看你想做的事，好像轮滑只有周末才能安排，还有五子棋，一周也玩不上一次。好可惜吧？要不我们来看看，把做哪件事情的时间压缩一下，这样晚上的时间我们就能争取再安排一件你想做的事，你看好不好？”孩子看到你这么为他着想，也就欣然答应了。于是接着向前推进，直到将压缩目标锁定在写作业这件事上。

“你现在完成作业的时间是晚上9点，那我们先来定个目标，就是将完成作业的时间提前到晚上8点40分，之后我们就可以玩20分钟的五子棋，你看怎么样？”

这对孩子来说是有吸引力的，但是他可能会缺乏信心。这时候要鼓励他“我们一起来挑战一下”，这样孩子就有提高写作业效率的动力了。

接下来就是根据孩子做作业过程中费时的原因对症下药。比如，对于过分追求书写完美的孩子，可以给他设置一个定时器，让他挑战在定时器结束之前完成特定任务。还有的孩子是遇到不会的题目就卡在那里耗费时间，家长可以跟孩子约定好，遇到这种情况可以在不会做的地方打上标记，先把会做的做完，最后集中起来求助爸爸妈妈。

针对第二种注意力难以集中的情况，家长要明白，孩子做作业时不专心，容易受到外界干扰，这些都不是他们故意的，而是注意力不够好导致的。针对这类情况，可以应用训练 9 中的番茄钟工作法。需要注意的是，这里可能会出现这样一个问题，就是番茄钟也可能造成孩子的拖拉。为什么呢？比如，孩子也许知道自己只要集中注意力就可以在 25 分钟内做完语文作业，而你设置的番茄钟是 30 分钟的话，孩子就可能会把这 5 分钟用来拖拖拉拉了。这时候应该给孩子一点儿动力。家长可以跟他约定，提前完成作业的话，多出来的时间由他自己支配，做他自己想做的事。

我女儿最开始也经历过这种场景。在我训练她不久后的某一天，她跟我说："爸爸，我跟你说件事。"我问她要说什么，她说："我每完成一项任务后，都有时间多出来，但又不是多出很多，我可不可以把这些时间存起来，等到最后一起用？"我说当然可以。现在，我女儿每一次的学习任务都可以提前结束，也就是说，她能为自己赢得更多的自发性活动的时间。

另外，我发现我女儿喜欢跟我玩，通常她的自发性活动中都要求我参与。除非我实在忙得走不开，通常情况下我都会陪她玩。如果你的孩子也信任你，不妨以陪伴作为孩子学习与活动的支持，或者说是一种奖励。

父母可以这样做

要想孩子写作业不拖拉，要做到：

- 制订完成目标，并给予适当奖励。
- 找出费时的原因，对症下药。
- 针对注意力不集中的孩子可采用番茄钟工作法，并把节约出来的时间让孩子自由支配。

孩子早上赖床怎么办

“一日之计在于晨”，早上的时间管理得如何，会影响到一天的学习或工作状态。很多父母都有这样的感受，那就是每天孩子起床后到出门前，都要经历一场没有硝烟的战争。

女儿今年上小学二年级。每天叫她起床就是一场不想面对又不得不面对的战争。我早上7点做好早餐，然后喊女儿起床，从哄到吼，直到最后生拖硬拽地把她拽起来。我还要忍受她慢吞吞地洗漱穿衣。女儿的拖拉导致她每天早餐都只能随便吃两口就慌慌张张出门。我把她送进学校才能松一口气，然后我接着赶往公司。日复一日，想想真的有点儿崩溃。（钟女士，8岁女孩的妈妈）

面对孩子赖床，家长应该怎么办？

首先，出于身心健康发展的考虑，要保证孩子的睡眠是充足的。如果孩子的睡眠时间不够，应考虑调整晚间的活动时间。具体的方法可参考第三章的相关内容。

其次，家长要明白，起床本身应该是个自然苏醒的过程，坐起来打个哈欠，然后愉快地下床。而性子急的家长总希望闹钟一响或者喊一声，孩子就能像机器人一样，一下子从床上跳起来去刷牙洗脸。这种期待，对于慢性子的孩子来说，是根本做不到的，就算身体被你拖起来了，可他的灵魂还在床上呢！因此，最好给孩子一个准备的过程，比如可以先拉开窗帘、打开窗户，或者放上一段孩子喜欢的音乐、故事，让孩子感受到“世界已经醒了，我也要起来了”。

再次，要让孩子明白起床的目的是什么。上学时，起床的目的就是准时到校。可以参照睡前的准备工作，和孩子共同制订一个晨起计划，列出从起床到上学这段时间的活动表，每完成一项，就在后面打“√”。在习惯养成期，可以和孩子约定，如果连续一周都能达到目标，即准时出门，可以获得一个奖励。比如，可以制作一些卡片，写上孩子的小愿望，在孩子表现好的时候可以进行抽奖。

最后，家长可以借助校规执行计划。一旦制订好晨起计划表，家长和孩子都要遵守，不要轻易去破坏。当孩子再拖拉时，家长就用时间表去约束他，希望他遵守自己设定的规则。

如果孩子不能遵守晨起计划表，这时候家长可以利用学校的规则适当地进行“惩罚”教育。例如，孩

父母可以这样做

想要孩子早上不赖床，要做到：

- 调整晚间的活动时间，以保证按时睡觉。
- 制订晨起计划，如果孩子一周都达到目标可给予一定奖励。
- 如果孩子无法执行晨起计划，可借助校规适当地进行“惩罚”教育。

子仍然慢悠悠的，家长不要批评他、催促他，只是告诉他爸爸或妈妈在等他，可以出门的时候告知一下即可。家长千万不要显得很焦虑、很暴躁，因为那样一点儿用也没有。家长越淡定，孩子就越有可能反过来催促你快一点儿！

当孩子开始催促的时候，家长不要急于回应他，按部就班地把自己该做的事情做完，比如，悠然地吃个早餐、化个精致的妆，然后再送孩子上学。也许这一次可能会因为你的淡定而让孩子迟到，一次迟到并不是什么毁灭性的过错，但会让孩子意识到迟到的不良后果。家长无计可施时，就要想起老师和校规，这些对孩子来说会有震慑力。

孩子迟到后，家长要支持学校校规的执行，不能包庇孩子。孩子在被处罚后，吃一堑才能长一智。

孩子出门丢三落四怎么办

你家孩子上学的时候，会经常发现忘了带课本、作业本或削笔刀吗？会经常找红领巾吗？这种出门困难的状况，不要说家长，孩子自己似乎也无可奈何。

女儿以前上幼儿园的时候还不太觉得，今年上小学一年级，搞得我血压都升高了。我每天最害怕的事情，就是收到老师的微信，被告知“你家孩子今天没带 ×× 物品”，以至于每天上午送完孩子手机一响就心跳加速。出门的时候每天都要找校卡，真的几乎是每天都会告诉她刷完卡就放进书包的外层口袋里，但一点儿用都没有，每天还是要找。自从加入少先队之后更惨了，每天除了找校卡还要找红领巾。我有时候恨不得踹她几脚。（杨女士，7岁女孩的妈妈）

面对孩子丢三落四，家长应该怎么办？

可能家里有这类孩子的家长，看到这里，似乎也只能一声叹息！“冰冻三尺，非一日之寒”，孩子今天的表现，背后一定有原因。

这个问题，主要的根源有两个，那就是注意力缺陷和计划性缺乏。

如果是注意力缺陷造成的，家长和孩子可以参照第四章第三节中介绍的方法来训练注意力。如何判断孩子是否存在注意力缺陷呢？如果孩子存在多动、冲动、不能认真听讲、自制力偏低、爱说话、健忘等症状中的某几个，那就可能存在注意力缺陷的问题。

如果是计划性缺乏，说明孩子的人格类型偏向于好奇型、多变型、说走就走型、放任型。典型的表现是，孩子做事通常都掐着截止时间来完成。比如，学校布置的寒暑假作业，孩子不会按时间计划去分配任务，而是拖到快开学了才很无奈地开始写；孩子很容易因为对某件事产生好奇心，而把当前要做的，甚至正在做的事情放在一边；孩子很有想法，总是能想出一个个令人“赞叹”的新点子，导致原来的计划完全被打乱。

面对计划性缺乏的孩子，要想纠正他丢三落四的毛病是非常困难的。从心理学来说，这是孩子的人格类型造成的，这是孩子的特点，而不算真正的缺点。如果非要强制“纠正”不可，他们可能从此会产生心理问题，而导致他们丧失原有的好奇心和思维的活跃性。

因此，面对计划性缺乏的孩子，家长只能适度地干预，在保持孩子好奇心和思维活跃度的同时，逐步提高孩子做计划的能力就可以了。

例如，每天晚上睡觉前，家长督促孩子将第二天早上要带去学校的所有物品逐一检查一遍，并放在书包里，确定第二天早上拎着书包就能出门；一家人去旅游时，让孩子参与制订旅游计划，并由孩子主导细节的实施，在出游的时候，如果景区的面积很大或景点很多，还可以让孩子对照地图决定游玩的路线，并将时间分配好。

如此经过多次锻炼后，孩子的计划性就能越来越好了。

孩子过度使用电子产品怎么办

孩子拿起电子产品就放不下，怎么办？

想解决这个问题，我们先一起来分析一下孩子沉迷电子产品的原因。

一方面，电视、平板电脑或手机里的视频内容变幻不定，可以从视觉、听觉等多感官层次上吸引孩子，使得孩子产生好奇。其实即便是成年人，也很难抗拒这种感官刺激带来的吸引力。而且由于短视频的即时性，使得孩子不用分配注意力在一个项目上，随着这些感官刺激不断加强，且不需专注的活动数量不断积累，就会导致孩子逐渐成瘾。

另一方面，我看到不少父母有时候为了让孩子能安静地待一会儿，会主动把手机或者平板电脑给孩子玩。这就相当于给孩子找了一个替代自己的“电子保姆”。久而久之，孩子也就习惯了这种与家长的相处模式，并且学会了通过闹腾、撒泼的方式来达到玩手机、平板电脑的目的，还似乎是屡试不爽。看到孩子拿着电子产品听话的样子，一些家长倒是乐得清闲。

当家长反应过来时，发现孩子已经上瘾了，而且往往视力也出现了问题。此时想要加以控制，却发现有心无力，无从下手。小一点儿的孩子，直接没收不让看还有可能；对于大一点儿的孩子，他们会想尽办法偷偷看，甚至因此引发亲子间的冲突。

那么如何才能让孩子合理使用电子产品呢？

第一，真诚地沟通。对孩子想要玩电子产品的愿望表示理解和尊重；一起总结归纳玩电子产品的好处和坏处，并列出清单（如下表）。家长和孩子沟通的时候，可以这样跟孩子说：

使用电子产品的好处	使用电子产品的坏处

（1）妈妈想知道你喜欢玩平板电脑的原因是什么？你觉得玩它有什么好处呢？

（2）听上去它确实带给你很多乐趣，还学到了知识。但是，它也有一些不好的地方，其中妈妈最担心的就是长时间使用平板电脑会伤害你的眼睛。

（3）虽然长时间看平板电脑和看书都会伤害眼睛，但平板电脑里的视频内容变幻不定、色彩绚丽，它对眼睛造成的刺激，要比书本对眼睛的刺激大很多。但不管看什么，看到一定的时间，都要休息一下眼睛，你可以到阳台上看看外面的绿色植物。

第二，和孩子共同商定关于电子产品的使用规则。比如，家长可以这样对孩子说："那我们现在想想办法，看看怎样才能让你既能使用平板电脑，又不伤害眼睛。"这时候，制订的规则内容一定要具体且执行性强，应该包括每次使用时长（比如，幼儿园的小朋友建议每次不超过20分钟，小学低年级的孩子每次不超过30分钟，高年级的孩子不超过40分钟）、使用的条件（比如完成作业后、晚上某个具体的时间段），比起被动地被告知要如何做，让孩子参与规则的制订，能加强他们对规则的认同，减少抗拒感。

第三，与孩子商定惩罚和奖励机制。比如，如果孩子使用平板电脑超过规定时间，则需要在下一次的时间中扣除相应的时长，而如果孩子从周一到周五都能遵守使用规则，在周末则可以获得额外时长奖励。

第四，家长要关注孩子玩电子设备背后的心理原因。有的孩子是因为觉得无事可做，幼儿园阶段的孩子大多数是这种情况。针对这种情况，家长需要引导孩子发现更多的兴趣爱好，找一些和孩子共同进行的亲子活动，比如下棋、玩数独、拼乐高等。小学阶段

父母可以这样做

想要孩子不过度使用电子产品，要做到：

- 对孩子想玩电子产品表示理解。
- 商定电子产品使用规则。
- 共同制订关于使用电子产品的惩罚和奖励机制。

的孩子，学习任务远远超过幼儿园的时候，而且有的孩子还要上课后辅导班、兴趣班等，孩子通过玩游戏可以得到放松。这种情况家长可能需要和孩子一起审视他们当前的一日作息安排，看看是不是脑力活动过多而忽略了体能活动，以及和同伴玩耍的活动安排，进行评估之后和孩子商量一下哪些活动可以调整。

本章总结

针对孩子晚睡、写作业拖拉、早上赖床、出门丢三落四、过度使用电子产品等高频问题，给出可行性时间管理方案，帮助孩子循序渐进地改掉不良习惯，成为时间的小主人。

6

第六章

时间管理
助益孩子成长

时间管理是一件需要长期坚持的事情。新的一年要完成什么学习目标？每个学期要做什么呢？每个月要怎样做才能完成每学期的任务呢？每周要怎样做才能完成月度任务呢？每周任务分解到每一天，该怎样利用一天的时间呢？

为什么有的孩子就算制订了日程规划表，仍旧难以执行呢？可能是孩子对制订的日程规划目的不明确，以及缺乏意志力。所以，要想管理好自己的时间，真正实现高效利用时间，首先要做的就是树立明确的目标，同时还要有坚定的意志力。而制订目标建议从确立中长期目标做起。

确立中长期目标并将其分解

马尔科姆·格拉德威尔（Malcolm Gladwell）是加拿大的一位记者，也是一名演讲家和畅销书作者，曾经获得过“加拿大总督功勋奖”。他在《异类》这本书中提出了“一万小时定律”，该定律认为：“人们眼中的天才之所以卓越非凡，并非天资超人一等，而是付出了持续不断的努力。一万小时的锤炼是任何人从平凡变成世界级大师的必要条件。”

“一万小时定律”得到了大家的普遍认可。我们可以简单计算一下，如果每天工作 8 小时，一周工作 5 天，那么每周工作 40 小时；一年有 52 周，一年就工作 2000 多小时。这样算来，成为一个领域的专家至少需要 5 年。

因此，我们可以将 5 年这个时间段作为中长期目标的实现周期。也就是说，从现在开始，不管孩子几岁了，都可以马上确定一个“五年规划”。

那么，中长期目标要怎样实现呢？这就需要制订具体的实施计划了，每一年要做什么，每个月要做什么，直到每一周甚至每一天做什么，都要具体而清晰，才能完成年度学习任务。

我们先看看下面这个例子。

珊珊进入小学后，发现高年级的几个哥哥姐姐在下午放学后会去打乒乓球，后来她弄明白了，他们是校乒乓球队的。

有一次，珊珊跟爸爸妈妈一起在家里看世乒赛，中国的女国手给她留下了深刻的印象，于是她跟爸爸妈妈商量，想学打乒乓球，进入校队，以后也要像丁宁和刘诗雯一样为国争光。

珊珊的爸爸妈妈一直在为女儿不太爱运动发愁，这下好了，他们立马答应了珊珊的请求。

爸爸是个理工科研究生，首先想到的就是为女儿制订运动计划。于是他给珊珊找了位教练，跟他共同为珊珊制订整个小学阶段的运动目标。这时一年级快结束了，刚好剩下五年，珊珊一家把这称为“乒乓球五年规划”。

珊珊的“五年规划”是这样的：第一年，着手练习基本功；第二年，多与学校的同学切磋技艺，使自己的水平在练习中得以提升；第三年，争取参加考级；第四年，多参加一些稍具规模的乒乓球比赛，练习心态，提升成绩；第五年，如果表现不错，可以去参加一些儿童专业比赛，让自己的水平继续提升。

就这样，珊珊就朝着规划好的目标稳步前进，为了达到每一年的目标，她每天至少坚持练球 2 小时。

寒暑假计划

对于孩子来说，寒暑假是很重要的“休整”时间。

年度学习任务中，孩子的学习时间无非就是四种：在校时间、碎片时间、周末时间和寒暑假。在校时间的学习是大家共有的，因此，合理利用不在校的时间，对提升孩子的综合素质是非常重要的。

让我们先来看看寒暑假的时间如何管理。

孩子的暑假或寒假该怎样度过才有意义呢？这个问题不能一概而论，要因人而异。很多孩子会在寒暑假密集地参加培训班，会外出旅游，会回老家与亲人团聚。这些比较重要的活动应进行合理安排。另外，还有些发展性的活动，也应该纳入寒暑假计划内。

第一，尽早完成寒暑假作业

寒暑假作业其实就是对上学期所学内容进行一次总复习。在我的小时候，寒暑假学校都会发一本《小学生暑假作业》或《小学生寒假作业》，我基本上是拿到作业的当天就开始做，第二天晚饭前就把会做的全部做完了；那些不会做的，就隔三岔五地拿出来看看，再试试。我个人的建议是，为了更好地利用寒暑假，也为了整个假期拥有和谐的亲子关系，寒暑假作业最好尽早完成，不要让孩子抱有“时间还早”的想法，因为一旦有了这种想法，便是拖延的开始。有了“时间还早”的拖延观念，是不利于孩子成长的。

第二，预习新课程

我从小有一个读书习惯，就是在新学期开始前，从村里高年级的哥哥姐姐那里借来我下学期要学的课本，然后限定自己在一个月内看完一遍。我记得语文、音乐、自然这些书，基本上是一天就能看完的；那时候小学没有英语课，直到初中才有，单词我也是早早地开始背；最花时间的是数学，我看完书就开始做后面的习题，从第一题到最后一题，全部做出来。预习新课程可以增强我们的理解能力，让学习更高效。

因此，预习新课程一定要放在寒暑假计划中。

第三，认识世界

孩子认识世界的方式很多，可以看纪录片，也可以去野外活动或远足、旅游。寒暑假如果能有一周的时间让孩子去“行万里路”，让孩子见识一下不同的风土人情、地理地貌、生存与生活的环境，是让孩子增长见识的好途径。

第四，自我培养

寒暑假是一段集中的时间，有利于在一周或数周内持续学习一门课程、一类运动或一种技艺。除此之外，孩子更需要学会的是创造一些自发性的活动，例如，独自或找同学一起完成一些科学实验，或者去近郊进行短途的徒步旅行。

如何过好每一个学习日

相比于三个月的寒暑假，孩子的在校时间更长，差不多有 9 个月！现在的学校课程单元是按周计划来做的，所以孩子要以周计划为主，以月计划为辅。

孩子在学校所学的课程内容是固定的，上学时可以利用的时间只有中午的碎片时间和下午放学后的时间。关于碎片时间的利用，我们留待最后说明，先来看看下午放学后的时间如何利用。

为了完成每月、每周的学习任务，家长应该鼓励孩子合理利用放学后的时间。孩子放学后无论是去托管，还是直接回家，都要让他先把重要且紧急的事情马上完成。每天的作业是必须完成的任务，所以做作业是上学时重要且紧急的事情。

接下来完成重要但不紧急的事情，比如，亲子活动，需要孩子经常练习的乐器、书法、绘画等文娱活动。

最后，我们把放学后的时间管理方法用一个表格总结出来。

时间段	学习与活动
放学后 1 小时	完成学校老师布置的家庭作业
晚饭前	碎片时间，可以考虑如何利用
晚饭后	这时候大概为晚上 7 点，可以跟家人或同学散步半小时。
睡觉前	从晚饭后到睡觉前大约有 2.5 小时，可以根据自己的业余兴趣，做半小时左右动静结合的亲子活动；可以阅读半小时左右的课外读物；可以用半小时跟家人聊聊天，然后洗澡准备睡觉。

周末计划

从周一到周五，因为白天孩子几乎都在学校，所以时间还是容易管理的。但是到了周末，很多家长都很头疼。

为了让周末的时间得到更好的利用，就需要将两天的时间规划好。

首先，把花费时间最多的事情安排好，这需要提前一两天就定下来。例如，如果有出游的计划，而且还要在外面住一晚甚至两晚，这种情况就不建议带作业，玩就玩个痛快。

其次，把重要且紧急的事情安排好。作业尽量在出游前完成，这样会玩得更尽兴，也不至于一回家就要补作业。如果有固定时间的兴趣班跟出游时间发生了冲突就暂停一次。

如果没有出游活动，那周末就要对整天的时间进行管理了。这时候，孩子可以借助日程计划表来进行时间管理。

上午可以这样安排：如果孩子想睡懒觉，建议起床不要晚于上午 9 点。不管孩子几点起床，都建议安排半小时的读书活动。早餐后，出去活动 1 小时，然后回家学习 1 小时，接着可以和家人一起做点儿力所能及的家务活动。

中午可以稍微休息一下，午休后再学习 1 小时，也可以看看教育学习类的视频节目，然后再进行 1 小时户外活动，可以约同学一起参加体育运动或游戏。

晚饭后可以散散步，然后学习1小时，再做点儿自己想做的事情，做完这些，也差不多到休息的时间了。

如果有兴趣班，需要把自主学习和外出活动的时间错开。

建议家长让孩子根据自己的实际情况，把周末的时间做成计划表，这样实施起来会更顺畅。

碎片时间的利用

最后，我们来说说碎片时间的利用和管理。

碎片时间利用得是否得当，是区分卓越、优秀和普通的重要手段。

在学校，大家上课学习的时间都是一样的，这个时间段的学习，如果具有良好的注意力，孩子就可以学好，也可以取得好成绩。

但是，除了上课时间和放学后需要完成课后作业的时间，以及处理一些重要但不紧急的事情需要花费的时间，其实还有很多碎片时间容易被浪费掉。例如，上下学的路上、吃饭前后、课间休息等，这些都是碎片时间。这些时间加起来，每天大约有 2 小时。如果这些时间能被孩子合理利用，几年后孩子一定能收获颇丰。

让我们做一个简单的计算。按一天 2 小时来算，一年累计下来就超过了 700 小时；小学 6 年，累计超过 4000 小时；中学再坚持 6 年，累计将超过 8000 小时。根据一万小时定律，当孩子高中毕业后，他们可以在某个领域成为一名专家了。

冰冰从幼儿园小班开始，就咿咿呀呀地开始背诵古诗了，爸爸妈妈发现冰冰喜欢背诵古诗后，就有意识地培养她。

到了冰冰上小学一年级的时候，她已经会背 200 多首古诗了。而且冰冰还养成了一个利用碎片时间的习惯，比如，上学的路上她要背一首古诗，放学的路上也要背一首，长诗就分开来背；课间 10 分钟，她都要求自己复习一首诗；等人的时候，她也不浪费时间，也要复习古诗。三年级的时候，冰冰已经成为学校里的古诗达人了，这时候她开始背诵古词。到了五年级，冰冰已经是当地小有名气的古诗词爱好者了。

大家都认为冰冰是记忆力好才有这样的成就，但是爸爸妈妈和冰冰都知道，这是碎片时间利用得好。冰冰还有一个收获，那就是长期背诵古诗词让她的记忆力得到了锻炼和提升。

无论孩子在哪一方面合理利用碎片时间，只要坚持，最后都会有意想不到的收获。

本章总结

❶ 时间管理是一件需要长期坚持的事情。确立中长期目标并将其分解，这样会有助于实现目标。

❷ 在孩子成长的过程中，关于他的中长期目标可以分解为寒暑假学习计划、每周的学习日计划、周末计划，以及碎片时间的规划。

❸ 实现中长期目标必须有明确的目标和坚定的意志力。